B. REBER

Membre du Conseil fédéral suisse

Quelques appréciations

sur

Théophrastus Paracelsus

EXTRAIT DU BULLETIN

DE LA

Société française d'Histoire de la Médecine

(1907)

B. REBER

Membre du Conseil fédéral suisse

Quelques appréciations

sur

Théophrastus Paracelsus

EXTRAIT DU BULLETIN

DE LA

Société française d'Histoire de la Médecine

(1907)

Quelques appréciations sur Theophrastus Paracelsus [1].

Qu'il me soit permis d'accompagner les deux portraits (Pl. I et II) de Paracelse de quelques lignes biographiques. Pour le moment, il serait probablement difficile de raconter quelque chose à ce sujet qui n'ait pas déjà été relaté quelque part. Cependant il est permis de poser la question : Existe-t-il sur Paracelse une biographie complète et en proportion de l'importance scientifique de ce phénomène du seizième siècle ? Je crois devoir répondre négativement. Sans doute, après avoir été traîné dans la boue pendant près de trois siècles et demi, Paracelse fit une résurrection triomphale et aujourd'hui il est probablement le médecin dont la vie et les livres ont provoqué le plus grand nombre de descriptions. Aussi m'abstiendrai-je de citer la liste de ces publications. Mon but est beaucoup plus modeste. Comme la feuille volante avec portrait est assez rare, je pense d'abord rendre un service aux chercheurs en la mettant sous leurs yeux. L'autre portrait, assez singulier, également bien peu répandu, provient de l'édition de 1729 de l'histoire des hérésies d'Arnold (1).

(1) Extrait du *Bulletin de la Société française d'Histoire de la Médecine*, 1907.

Je profite ensuite de l'occasion pour ajouter quelques impressions personnelles à propos de certaines appréciations malveillantes, que je mettrai en parallèle avec l'opinion actuelle.

Ces quelques pages seront peut-être d'autant plus à leur place, que je m'aperçois, en parcourant notre Bulletin, que jusqu'à présent il n'y a pas encore été question de Paracelse. Il convient aussi d'attirer encore et toujours l'attention sur ce grand génie, qu'on se plaît à appeler le réformateur de la médecine de la première moitié du seizième siècle, depuis que des traductions de ses œuvres en langue française comptent parmi les plus difficiles à retrouver.

Paracelse était autant d'esprit que de caractère un original. Son indépendance, son dédain des théories traditionnelles de la médecine dogmatique, était poussé à l'extrême. En général, il affichait ouvertement le peu de cas qu'il faisait de ses collègues. Dans ces conditions il est facile de s'imaginer jusqu'à quel point il était détesté. Mais il comptait également des admirateurs enthousiastes.

La mentalité extraordinaire de cet homme l'entraînait dans de funestes conséquences. Il menait une vie très agitée et il est vraiment merveilleux de constater, malgré cela, le nombre et l'importance de ses travaux. Paracelse peut être presque envisagé comme un bohême, un ambulant. Il se trouvait toujours en route, nulle part il ne se sentait tranquille ; constamment aux prises avec ses détracteurs, il devait se garder et se conduire avec prudence. Est-il alors surprenant qu'on le voie rarement heureux ? Dans ses livres, du moins, il n'est guère question d'une satisfaction. Par contre, à chaque instant, nous rencontrons de véhémentes invectives à l'adresse de ses calomniateurs, ou des passages philosophiques par lesquels il cherche à se consoler dans la solitude scientifique qu'il s'était créée au-

Un portrait de Paracelse

tour de lui. Vraiment on le trouve quelquefois dans des situations difficiles à comprendre. Il faut croire que la vie nomade et belliqueuse lui convenait le mieux.

Doué d'une intelligence très remarquable, ayant reçu une instruction étendue, surtout sur les auteurs classiques, commencée par son père, également médecin, d'un talent d'observateur surprenant, Paracelse disposait d'avantages qui le rendaient encore infiniment plus indépendant. Ensuite il ne faut pas oublier qu'il descendait d'une famille de très ancienne noblesse, les Bombaste de Hohenheim. Quoique lui-même n'en fasse allusion nulle part on remarque cependant bien des traits aristocratiques et des licences, mais les premiers dans la meilleure acceptation de l'expression et les secondes comme traits d'esprit. Tout chez lui est original.

Il sera donc très intéressant d'étudier, d'un peu plus près les principaux détracteurs de ce génie, aujourd'hui universellement reconnu comme l'initiateur de la méthode chimique par laquelle il fit tomber la médecine traditionnelle d'un dogmatisme beaucoup trop pédantesque, initiation qui devint promptement la base de la médecine moderne, aujourd'hui encore en vigueur.

Avant d'aborder brièvement ce terrain, citons les principales biographies équitables qui rendent justice à cet homme si cruellement tourmenté pendant toute son existence, qui, du reste, fut abrégée par une mort bien prématurée et mystérieuse.

Ce n'est guère que depuis le xixᵉ siècle qu'on reconnaît un peu plus généralement les mérites de Paracelse. Preu (2) reconnaît en lui l'innovateur d'un système d'une vigoureuse impulsion qui n'a aujourd'hui pas encore cessé son influence. Bientôt suit une biographie enthousiaste, basée sur les sources documentaires (3) et qui, dans un langage élevé peint la vie de Paracelse d'une façon attrayante. Locher (4), non moins enthousiaste, se base sur la biographie précédente en ajoutant encore de nouveaux faits. Il appelle Paracelse « le réformateur de la médecine et le plus grand médecin suisse ». Dans le même sens le présentent Baas (5), Kopp (6), Binz (7) et d'autres.

L'opinion générale sur Paracelse avait donc complètement changé en sa faveur. Mais il devint bientôt le savant le plus fêté. De grandes bibliographies (8) et biographies sur lui furent entreprises, sa mémoire définitivement réhabilitée et son rôle dans l'histoire de la médecine établi. Ajoutons de suite les trois volumes de critique sur les publications de Paracelse (9), par Sudhoff, une œuvre monumentale. En 1898, à l'occasion du congrès des médecins et naturalistes d'Allemagne, fut organisée à Dusseldorf une très belle exposition historique contenant 126 objets sur Paracelse seul. A ce sujet le professeur Sudhoff s'exprime ainsi (Catalogue p. 135) : « Théophraste Paracelse, de la famille noble des Bombaste de Hohenheim, né vers la fin de l'année 1493, à Einsiedeln, en Suisse, professeur de la médecine à l'Université de Bâle de 1526 à 1528, mort à Salzbourg le 24 septembre 1541, rompait avec l'autorité traditionnelle des soi-disant classiques, reconnut seul dans l'étude des phénomènes de la nature le salut de la médecine et des sciences naturelles et devint ainsi le réformateur de la médecine du moyen-âge ».

Ajoutons encore les deux plus récentes biographies de Paracelse, certainement les plus documentées, celles qui nous le présentent sous un jour scientifique et sympathique. C'est d'abord celle de Kahlbaum (10), le très distingué et très regretté professeur à Bâle, qui a tenu, dans la ville même des grands malheurs de Paracelse en quelque sorte comme expiation des injustices subies, à donner la célèbre conférence, parue ensuite dans la présente brochure. Après cela ce fut le tour d'Einsiedeln,

le lieu de naissance de Paracelse. Le livre de Netzhammer (11) est un des meilleurs sur cette matière.

Il m'est particulièrement agréable de constater
qu'aussi en France on apprécie le mérite de Paracelse
à son juste titre. Je citerai d'abord un passage d'un
livre (12) récent :

« La médecine chimique, sans remonter plus haut
dans l'histoire, se recommande du nom de l'illustre
Paracelse, dont la doctrine peut se réduire à la propo-
sition suivante : L'homme est un composé chimique ;
les maladies ont pour cause une altération quelconque
de ce composé, il faut donc des médicaments chimiques
pour les combattre. »

Mais longtemps avant cet auteur on connaissait en
France la grande valeur de Paracelse. Voilà par exemple un passage de Fauvety (13) : « Les médecins ont-
ils voulu punir Paracelse de la haine qu'il leur portait
et des injures qu'il leur a dites ? Ce qu'il y a de certain,
c'est qu'ils se sont tous accordés à le traiter de fou et
de charlatan, bien qu'il ait ouvert à la médecine des voies
nouvelles et qu'il ait pressenti les plus importantes dé-
couvertes de la chimie moderne. »

C'est d'une façon particulièrement élevée que Cruveilhier envisageait la vie et l'œuvre de Paracelse (14).
J'y renvoie le lecteur parce que cette analyse me semble
de toute façon, au point de vue historique, scientifique
et philosophique, une monographie d'une grande valeur. En reproduire un passage serait arracher une fleur
à un beau bouquet.

Citons encore une thèse inaugurale (15) et deux travaux parus à l'occasion du 4e centenaire de la naissance
de Paracelse, dont un du biographe par excellence,
professeur Sudhoff (16), et l'autre d'un savant de
Salzbourg (17). Cette dernière ville est le lieu de mort
de Paracelse, où, du reste, on a un véritable culte pour
lui et ses souvenirs. Son crâne est conservé dans

son monument funéraire et au musée on conserve un portrait de son père, Guillaume Bombaste de Hohenheim, ainsi que plusieurs souvenirs très précieux de Paracelse lui-même.

Raconter à présent les misères de Paracelse, les calomnies répandues sur lui, la haine et la jalousie déchaînées contre lui, surtout par ses collègues impuissants et le plus souvent vraiment ignorants, serait vouloir raconter sa vie entière. En effet, on ne connaît de Paracelse avant sa nomination comme professeur de Médecine à l'Université de Bâle que bien peu de chose. Mais aussitôt qu'il se trouve à son poste, commençent les difficultés, qui, après un peu plus d'une année, de 1527 à 1528, entraînaient sa fuite. Cette dernière est la suite d'un procès, intenté à un très riche ecclésiastique, qui l'avait trompé. Très malade et traité par plusieurs médecins, ce prélat perdait l'espoir de se guérir. Ayant fait venir Paracelse, il lui promit 100 florins pour la guérison. Le contrat fut accepté et Paracelse guérit notre canonicus tellement promptement avec trois pilules seulement, que celui-ci trouvait la somme trop facilement gagnée. Il lui envoyait 6 fl. Paracelse réclamait la somme convenue. Refus de la part de l'ecclésiastique et procès intenté par le docteur. Le tribunal approuve le premier, Paracelse en est tellement indigné qu'il insulte le tribunal et le gouvernement. Ordre fut donné de saisir le professeur irrévérencieux et de le traiter à bon plaisir. C'était le moment de décamper, car la haine contre lui avait pris de telles proportions que sa vie était en danger. Les ecclésiastiques, les professeurs de médecine, les médecins pratiquants et toutes leurs coteries auraient vite trouvé chez Paracelse la sorcellerie, la magie et le blasphème nécessaires, pour le faire monter au bûcher, après l'avoir préalablement torturé à satiété. Calvin a fait brûler le célèbre médecin Servet pour des différends

Autre portrait de Paracelse.

infiniment plus futiles. Paracelse, certes, un caractère indépendant et courageux, a dû lui-même envisager le danger comme excessif, pour fuir aussi précipitamment. Heureusement qu'il a pu échapper à ses bourreaux.

Pourquoi cette haine contre Paracelse de la part de ses collègues ? Il est facile d'y répondre. C'est parce que Paracelse se présentait et se conduisait simplement naturellement, d'après son caractère, sans fausseté, sans hypocrisie, mais fièrement, sans flatterie ni spéculation mercantile. Les connaissances scientifiques et ses cures merveilleuses l'élevaient tellement au-dessus de ses collègues que ceux-ci eux-mêmes étaient forcés de reconnaître sa supériorité. Chez beaucoup d'êtres humains une pareille constatation soulève la jalousie la plus noire.

Les cours de Paracelse étaient suivis par de très nombreux étudiants. Il parlait la langue maternelle et non pas le latin traditionnel. Nouvelle fureur de la part de ses collègues. Comment, il osait profaner les lois sacrées de l'enseignement médical ? Mais Paracelse voulait répandre les connaissances scientifiques parmi tous ceux qui se sentaient le goût pour les études et non pas seulement pour quelques privilégiés. Galène, Avicenna et d'autres livres de médecins de l'antiquité sont tellement surannés et sans valeur que vous pouvez les flanquer au feu, déclara-t-il à ses auditeurs, étudiez la nature et ses phénomènes, voilà le vrai livre qu'il faut comprendre. Evidemment Paracelse avait dépassé son époque de beaucoup. Il ne pouvait être considéré que comme révolutionnaire.

Déjà le dimanche 16 juin 1527 (Kahlbaum, *l. c.*) se trouvait affiché à la porte de la cathédrale et d'autres églises de Bâle, un poème contre Paracelse de la dernière infamie. A l'exception de l'ivrognerie il n'est pas de vices qui ne lui sont pas reprochés. Mais plus tard celle-ci était encore ajoutée. Paracelse supposait que cette ignominie anonyme provenait d'un de ses auditeurs envoyé comme espion de ses ennemis. Est-il nécessaire d'ajouter que pas un seul de ces reproches n'était justifié ? Voilà à quels tristes actes de jalousie ont été entraînés les collègues de Paracelse.

A partir de ce dimanche la calomnie contre Paracelse marcha son train. Mais il lui restait cependant des admirateurs très convaincus. A la longue, son caractère s'est aigri et il n'en est jamais revenu, ce qui n'est pas surprenant. L'histoire de la science ne connaît pas un second exemple d'un pareil acharnement haineux contre un savant, dont le grand mérite était parfaitement connu de ses ennemis.

De Bâle, Paracelse se dirigea vers l'Alsace et habita d'abord Colmar. Un de ses élèves, Oporin, l'accompagnait. Tout en étudiant la médecine, c'était plutôt un philologue des langues classiques. En tout cas, — et il l'a avoué lui-même plus tard, beaucoup trop tard, — il n'a jamais saisi l'importance des théories et des œuvres de son maître, et a complètement méconnu sa grandeur et son incomparable supériorité. C'est dire que cet Oporin était doué d'une singulière intelligence. Après être resté deux ans encore avec Paracelse, qui lui dictait ses œuvres, Oporin retourna à Bâle, devint professeur de grec et ensuite imprimeur célèbre. Sans doute Paracelse s'était souvent moqué de lui et lui faisait même des farces. Il faut croire que cet élève était, malgré ses 22 ans, encore passablement naïf.

Ce Jean Oporin écrivait à un de ses clients, faisant imprimer des livres chez lui, que Paracelse était un tel ivrogne qu'il se conduisait des nuits entières comme un fou, tout en lui dictant ses œuvres, ainsi que d'autres sottises ! Plus tard, Oporin a déclaré qu'il regrettait deux choses dans sa vie : s'être négligemment défait des manuscrits que Paracelse lui avait dictés et avoir dit du mal de lui, ce qui équivalait à avouer qu'il avait menti.

Un beaucoup plus acharné détracteur de Paracelse était le théologien et médecin Erastus (Thomas Lieber, né à Baden, en Suisse, 1524 à 1583). Ce que cet Erastus a réuni dans ses quatre livres (en un volume) « Contra novam medicinam Philippi Theophrasti » (Bâle, 1572) n'est plus de la critique : c'est de la calomnie passionnée, de la furie théologique. Ces mêmes calomnies furent répétées par le théologien Bullinger à Zurich. Même le savant Conrad Gessner (1516 à 1565) s'en mêlait peu consciencieusement. C'est véritablement un spectacle écœurant.

On pourrait encore pardonner à ces hommes du seizième siècle aveuglés par la superstition et l'ignorance. On est habitué à voir un langage et des mœurs rien moins qu'affinés. Mais qu'un médecin comme Jean-Georges Zimmermann vienne, dans la seconde moitié du xviii° siècle, dépasser en grossières exagérations tous ses prédécesseurs, cela n'est plus admissible, c'est au contraire condamnable. Déjà le Dr Locher (*l.c.*) estime le prétendu et très prétentieux jugement de Zimmermann « grossier et commun ». Que doit-on, en effet, penser d'un médecin comme Zimmermann, qui d'un côté s'abaisse à encenser, diviniser un vivant, et de l'autre ne trouve pas suffisamment de boue pour en couvrir un compatriote du plus grand mérite, Paracelse, mort depuis plusieurs siècles ? Aujourd'hui encore, n'importe quel honnête homme rougit de honte en lisant les basses flatteries que Zimmermann adresse à de Haller (18). Ces deux traits seuls suffisent pour caractériser ce fameux médecin de la Cour de Hanovre.

Encore une fois, en 1854, Paracelse, fut mal traité. Le professeur Fischer (19), écrit comme conclusion de la biographie de Paracelse : « C'est avec des sentiments très mélangés que le critique impartial envisage la vie et les œuvres de ce Theophrast. Malgré ses talents et ses idées, il ne mérite aucune estime, pas même de l'intérêt. Et cependant on ne peut pas le mépriser tout à fait, car son influence était trop considérable. » Il faut croire que ce professeur de Bâle appartenait à la classe qui n'oublie rien et n'apprend rien.

C'est avec tristesse que je constate combien Paracelse était calomnié et jalousé par ses compatriotes surtout. Eraste, Oporin, Gessner, Bullinger, Zimmermann et Fischer étaient tous Suisses. Ils ont tous mal agi et une fois de plus il faut se rappeler du proverbe : « Nul n'est prophète dans son pays. »

Malgré tout, la gloire de Paracelse va grandissant. Mais, comme je l'ai déjà fait remarquer à un autre endroit (20), il a fallu trois siècles et demi et toute la clairvoyance et l'esprit indépendant de la science moderne pour rétablir le mérite de ce martyr.

Bibliographie

1. *Gottfried Arnolds*. Unpartheygische Kirchen = und Ketzer = Historie. Franckfurt-s.-M., 1729.

2. *Dr H. A. Preu*. Das System der Medicin des Theophrastus Paracelsus ans dessen Schriften ausgezogen und dargestellt. Berlin, 1838.

3. *Dr med. Michael Benedict Lessing*. Paracelsus, sein Leben und Denken. Berlin, 1839.

4. *Dr Hans Locher*. Theophrastus Paracelsus Bombastus von Hohenheim, der Luther der Medicin und unser grösster Schweizerarz. Zürich, 1851.

5. *Dr med. Ioh. Hermann Baas*. Leitfaden der Geschichte der Medicin. Stuttgart, 1880.

6. *Hermann Kopp*. Die Alchemie in älterer und neuerer Zeit. Heidelberg, 1886.

7. *Professor Dr C. Binz*. Zur Geschichte der Pharmacologie in Deutschland. Kliuisches Iahrbuch II. Berlin.

8. *Eduard Schubert und Karl Sudhoff*. Paracelsus-Forschungen. Frankfurt-s.-M. 1887 et 1889 (2 vol.).

9. *Karl Sudhoff*. Versuch einer Kritik der Echtheit der Paracelsischen Schriften. Berlin, 1894, 1898, 1899.

10. *Georg W. A. Kahlbaum*. Theophrastus Paracelsus. Ein Vortrag gehalten zu Ehren Theophrast's von Hohenheim. Bâle, 1894.

11. *P. Raymund Netzhammer, O. S. B.* Theophrastus Paracelsus. Das Wissenswerteste über dessen Leben, Lehre und Schriften. Einsiedeln, 1901.

12. *Dr A .Beauvois*. La médecine chimique et la longévité humaine. Une curieuse décade de moyens propres à prolonger la vie. (Archives générales de Médecine, Paris, 1901).

13. *Ch. Fauvety*. Le Magnétisme au siècle de Paracelse. (1856).

14. *Dr Louis Cruveilhier*. Etude sur Paracelse et la révolution scientifique du seizième siècle (1857).

15. *Ioh. Friedr. von Petzinger*. Ueber das reformatorische Moment in den Anschauungen des Theophrastus von Hohenheim. Greifswald, 1898.

16. *K. Sudhoff*. Ein Rückblick auf die Paracelsus-Iahrhundertfeier. 1894.

17. *Dr Franz Hartmann*. Theophrastus Paracelsus als Mystiker. Salzburg, 1893.

18. *Prof. Dr Friedrich Fischer*. Paracelsus in Basel. Basel, 1854.

19. *Iohann Gerorg Zimmermann*. Das Leben des Herrn von Haller. Zürich, 1755.

20. *B. Reber*. Considérations sur la crémation, particulièrement au point de vue de ses rapports avec la médecine légale. (Bulletin VI de la Société de crémation de Genève. Genève, 1906).